Daniel Kieslinger | Judith Owsianowski | Katharina Metzner | Florian Rück | Wolfgang Schröer

Die inklusive Kinder- und Jugendhilfe – Einfach erklärt

LAMBERTUS

LAMBERTUS+ App inside

Laden Sie dieses Buch kostenlos auf Ihr Smartphone, Tablet und/oder Ihren PC und profitieren Sie von zahlreichen Vorteilen:

- **kostenlos:** Der Online-Zugriff ist bereits im Preis dieses Buchs enthalten
- **verlinkt:** Die Inhaltsverzeichnisse sind direkt verlinkt, und Sie können selbst Lesezeichen hinzufügen
- **durchsuchbar:** Recherchemöglichkeiten wie in einer Datenbank
- **annotierbar:** Fügen Sie an beliebigen Textstellen eigene Annotationen hinzu
- **sozial:** Teilen Sie markierte Texte oder Annotationen bequem per E-Mail oder Facebook

Aktivierungscode: koje-2024

Passwort: 8177-3020

Download App Store/Google play:

- **App Store/Google play** öffnen
- Im Feld **Suchen Lambertus+** eingeben
- **Laden** und **starten** Sie die **Lambertus+ App**
- Oben links den Aktivierungsbereich anklicken um das E-Book freizuschalten
- Bei **Produkte aktivieren** den **Aktivierungscode** und das **Passwort** eingeben und mit **Aktivieren** bestätigen
- Mit dem Button **Bibliothek** oben links gelangen Sie zu den Büchern

PC-Version:

- Gehen Sie auf **www.lambertus.de/appinside**
- **Aktivierungscodes** oben anklicken, um das E-Book freizuschalten
- **Aktivierungscode** und **Passwort** eingeben und mit **Aktivieren** bestätigen
- Wenn Sie Zusatzfunktionen wie persönliche Notizen und Lesezeichen nutzen möchten, können Sie sich oben rechts mit einer persönlichen E-Mail-Adresse dafür registrieren
- Mit dem Button **Bibliothek** oben links gelangen Sie zu den Büchern

Jetzt unter www.lambertus.de/appinside | Laden im App Store | JETZT BEI Google play

Bei Fragen wenden Sie sich gerne an uns:
Lambertus-Verlag GmbH – Tel. 0761/36825-24 oder
E-Mail an info@lambertus.de

LAMBERTUS
SOZIAL | RECHT | CARITAS

Daniel Kieslinger | Judith Owsianowski | Katharina Metzner
Florian Rück | Wolfgang Schröer

Die inklusive Kinder- und Jugendhilfe – Einfach erklärt

LAMBERTUS

Bibliografische Information der Deutschen Nationalbibliothek

Die Deutsche Nationalbibliothek verzeichnet diese Publikation in der Deutschen Nationalbibliografie; detaillierte bibliografische Daten sind im Internet über http://dnb.d-nb.de abrufbar.

www.lambertus.de
Übersetzung in Leichte Sprache: Elke Daus, Freiburg (www.elke-daus.de)
Layout: Maike Giese, Köln
Umschlaggestaltung: Nathalie Kupfermann, Bollschweil unter Verwendung einer Illustration der Lebenshilfe Bremen
Druck: Elanders Waiblingen GmbH
ISBN: 978-3-7841-3699-8
ISBN ebook: 978-3-7841-3700-1

Inhaltsverzeichnis

Inklusion jetzt! - Forderungen aus dem Projekt

Seit dem Jahr 2020 beschäftigten sich im Projekt „Inklusion jetzt!“ 61 Einrichtungen mit dieser Frage: Wie kann man die Kinder- und Jugendhilfe und ihre Leistungen inklusiv gestalten?
Seit 2021 gibt es das neue Kinder- und Jugendstärkungsgesetz (KJSG). Damit können junge Menschen und Familien Inklusion in der Kinder- und Jugendhilfe verlangen. Das Projekt „Inklusion jetzt!“ zeigte, wie inklusive Konzepte entwickelt und eingesetzt werden können. Es zeigte auch die Hürden und die Chancen für junge Menschen, Familien und Hilfe-Anbieter.

Die Menschen, die am Projekt mitgearbeitet haben, fordern jetzt am Ende des Projekts diese Punkte:

Inklusion muss schon jetzt anfangen!

- Alle Menschen haben ein Recht auf Inklusion. Die Grundsätze der Inklusion gelten für alle Anbieter von Hilfen und für alle anderen Beteiligten. Das Ziel muss auch mit den heutigen Gesetzen schon sein: Junge Menschen und ihre Familien können ohne Diskriminierung am gesellschaftlichen Leben teilhaben. Sie sollen selbstbestimmt und ohne Barrieren aufwachsen können.

Für Inklusion ist die ganze Gesellschaft gemeinsam verantwortlich.

- Die Regeln in den Sozialgesetzen müssen gut zueinander passen, damit die Hilfen leichter erreichbar sind.
- Alle Beteiligten müssen sich bei den Angeboten vernetzen und zusammenarbeiten.

Inklusion bezieht sich nicht nur auf Behinderungen.

- Alle jungen Menschen sollen am sozialen Leben teilhaben können – egal, warum sie bisher ausgeschlossen oder benachteiligt waren.

Inklusive Angebote müssen persönlich abgestimmt sein.

- Manche jungen Menschen brauchen spezielle Angebote für ihre Teilhabe. In der Behindertenrechts-Konvention der Vereinten Nationen (UNBRK) steht: Man muss die Angebote auf alle jungen Menschen ganz persönlich abstimmen.
- In Deutschland sollen dafür die öffentlichen Träger, also die Städte und die Kinder- und Jugendhilfeplanung, sorgen.

Inklusion braucht starke Rechte und Beteiligung.

- Die inklusive Kinder- und Jugendhilfe muss die jungen Menschen bei ihren Rechten unterstützen.
- Im Projekt „Inklusion jetzt!“ und in der Forschung zeigte sich: Für eine inklusive Kinder- und Jugendhilfe muss das Recht der jungen Menschen auf Beteiligung umgesetzt werden.
- Man muss die Selbstvertretungen von jungen Menschen und Eltern fördern und an der Planung beteiligen.

Inklusion braucht auch die Beteiligung der Mitarbeitenden.

- Die Träger sollen ihre Mitarbeitenden bei der Entwicklung von inklusiven Angebote mit einbeziehen. Das Projekt zeigte: Die Fachkräfte möchten ihre Fähigkeiten einbringen und die inklusive Öffnung der Angebote mitgestalten.

Inklusion braucht klare, geänderte Gesetze.

- Das Sozialgesetzbuch (SGB) 8 soll schnell geändert werden. Damit hat man dann einen guten rechtlichen Rahmen für die inklusive Kinder- und Jugendhilfe.

Für Inklusion müssen einige Angebote geprüft und geändert werden.

- Manche Angebote hindern junge Menschen daran, sich frei zu entwickeln. Diese nicht inklusiven Angebote, z. B. bei Bildung und Arbeit, müssen abgeschafft werden. So werden die Angebote und Strukturen offener für Inklusion.
- Neue, inklusive Angebote müssen speziell auf die jungen Menschen abgestimmt werden. Barrieren muss man erkennen und immer mehr abbauen.

Für Inklusion braucht es genug Energie, Arbeitszeit und Wissen.

- Inklusion braucht neue Vereinbarungen und neue Angebote. Die Selbstvertretungen sollen gefördert werden. Die Fachkräfte brauchen Weiterbildung, man muss neue Formen der Zusammenarbeit finden. All das muss man verfügbar machen.

Die Demokratie braucht die Inklusion.

- Demokratie bedeutet: Alle im Volk wählen ihre Vertreter und sind so an wichtigen Entscheidungen im Staat beteiligt. Ein grundlegendes Ziel dabei: Alle können mitbestimmen und ohne Benachteiligung teilhaben. Nur so können alle jungen Menschen eine gute Zukunft haben.

Seit 14 Jahren gibt es die UN-Konvention für Menschen mit Behinderung (UNBRK). Deutschland muss die Rechte von Menschen mit Behinderung umsetzen, die in der Konvention stehen. Trotzdem wird in Deutschland über Inklusion immer noch viel diskutiert und gestritten.
Auch in einer anderen Regelung der Vereinten Nationen wurde festgelegt: Kein Mensch darf dabei behindert werden, sich zu entwickeln und selbstbestimmt zu leben. Dabei ist es egal, welches Geschlecht oder wie viel Geld man hat, ob man eine Behinderung oder Erkrankung hat oder aus welchem Umfeld man kommt.
Wenn man Inklusion so versteht, dann müssen die Fachkräfte die Rechte der jungen Menschen in die Tat umsetzen. Ihre Haltung sollte Teilhabe ohne Diskriminierung möglich machen. So können die Fachkräfte die jungen Menschen in allen Lebensbereichen fördern und unterstützen.

Für eine gleichberechtigte Teilhabe aller jungen Menschen gilt daher: Inklusion jetzt!

Einleitung

Die Integration ist schon seit vielen Jahrzehnten ein Ziel bei der Kinder- und Jugendhilfe. Seit langer Zeit gibt es Angebote für junge Menschen ohne Behinderung und getrennt davon für junge Menschen mit Behinderung. Integration in der Kinder- und Jugendhilfe bedeutet: Die Hilfsangebote werden für alle Kinder und Jugendlichen geöffnet. Das Familienministerium machte im Jahr 1990 das Ziel eindeutiger: Junge Menschen mit Beeinträchtigungen sollen umfassend gefördert werden. Das Ziel der Integration wurde später zum Ziel der Inklusion weiterentwickelt. Inklusion bedeutet, dass sich die Gesellschaft so verändert, dass alle Menschen gleichberechtigt sind und an der Gesellschaft teilhaben können.

Das neue Gesetz: KJSG

In den folgenden Jahrzehnten sprachen die Fachleute und die Politik viel über die Inklusion aller Kinder und Jugendlichen. Aus diesen Verhandlungen wurde im Jahr 2021 das neue Kinder- und Jugendstärkungsgesetz (KJSG). Das Gesetz hat zum Ziel, dass die Angebote der Kinder- und Jugendhilfe geöffnet und weiterentwickelt werden. Das Gesetz gibt Inklusion als Ziel vor. Das muss jetzt noch im Alltag umgesetzt werden. Dabei tauchen neue Fragen und Probleme auf.

Alle Menschen in der Kinder- und Jugendhilfe können diese Fragen und Probleme jetzt gemeinsam lösen. Sie können dafür sorgen, dass sich die Angebote der Kinder- und Jugendhilfe für alle jungen Menschen öffnen.

Die Ziele des Projekts „Inklusion jetzt!"

Inklusion als Ziel klingt erst einmal einfach: Alle jungen Menschen sollen an unserer Gesellschaft teilhaben und selbstbestimmt leben können (vgl. Schröer 2022, 38). Das ist aber im Alltag nicht so einfach zu erreichen. Im Projekt „Inklusion jetzt!" haben Fachleute zum ersten Mal ganz gezielt und ausführlich Pläne dafür gesucht und entwickelt. Diese Pläne nennt man auch Konzepte. Die Konzepte sollen einen Weg hin zur inklusiven Kinder- und Jugendhilfe zeigen. Das Projekt macht auch klar: Inklusion ist schon jetzt möglich und wird auch schon in die Tat umgesetzt!
In einer inklusiven Kinder- und Jugendhilfe richtet man sich danach, was genau jede Einzelne und jeder Einzelne für die Teilhabe braucht. Man erkennt an, dass alle Menschen verschieden sind. Man beteiligt die betroffenen Menschen und lässt sie mitbestimmen. Man schaut, was sich dafür alles ändern muss: zum Beispiel die Abläufe bei den Hilfen, also die Struktur der Hilfen, und auch in den Organisationen, also bei den Trägern.

1. Die Bedeutung von „Inklusion"

Am Anfang des Projektes zeigte sich: Das Wort „Inklusion" bedeutet nicht für alle Menschen das gleiche. Wenn man miteinander darüber reden und die Inklusion verbessern will, braucht man aber eine gemeinsame Bedeutung. Deshalb wurde im Projekt „Inklusion jetzt!" eine gemeinsame Bedeutung gesucht. Dabei war klar: Es ist kaum möglich, dass die ganze Gesellschaft unter dem Wort das gleiche versteht. Denn alle deuten den Begriff anders, je nachdem, welches Ziel sie haben.

Das bedeutet „Inklusion" bei anderen Fachleuten

Im Projekt schauten die Fachleute zuerst, was die Wissenschaft mit „Inklusion" meint. Die einen Wissenschaftlerinnen und Wissenschaftler beziehen sich auf die Rechte der Menschen: Die Gesellschaft soll sich so entwickeln, dass die Rechte jedes einzelnen Menschen geschützt werden (vgl. Wansing 2015, Rohrmann 2020). Bei anderen Fachleuten, die sich um Erziehung kümmern, heißt Inklusion: Wirklich alle Menschen sollen von Anfang an gut unterstützt werden (vgl. Meyer 2020, Hollweg/Kieslinger 2021).

Das bedeutet „Inklusion" in diesem Projekt

Dann schauten die Fachleute im Projekt „Inklusion jetzt!", was ihnen selbst bei „Inklusion" wichtig ist. Das ist zum Beispiel, die Vielfalt der Menschen zu sehen, offen zu bleiben und nicht alles schnell in bekannte „Schubladen zu stecken".
Das Projekt will erreichen, dass die Bedeutung von „Inklusion" viele Menschen einschließt. Die jungen Menschen mit Behinderung sollen nicht von Anfang an anders behandelt werden als die jungen Menschen ohne Behinderung. Niemand soll benachteiligt werden. Und wird doch jemand benachteiligt, muss er Unterstützung bekommen.
Im Laufe des Projekts veränderte sich die Bedeutung von „Inklusion" in der Kinder- und Jugendhilfe. Am Ende wurde der Begriff so benutzt: Die Kinder- und Jugendhilfe soll mit einbeziehen, dass die einzelnen jungen Menschen ganz verschiedene Dinge für die Teilhabe brauchen. Die jungen Menschen sollen in ihrer Entwicklung gefördert und auch vor Gefahren geschützt werden.

Inklusion als Haltung

Inklusion kann überall anfangen, aber Inklusion hört nie auf. Man kann auch sagen: Inklusion ist ein Prozess, also ein Weg. Wichtig auf diesem Weg ist, wie die Menschen über Inklusion denken. Wichtig ist also die Haltung der Menschen zur Inklusion. Die Haltung zur Inklusion in der Kinder- und Jugendhilfe sollte am besten so sein (vgl. Schönecker et al. 2021, 10):

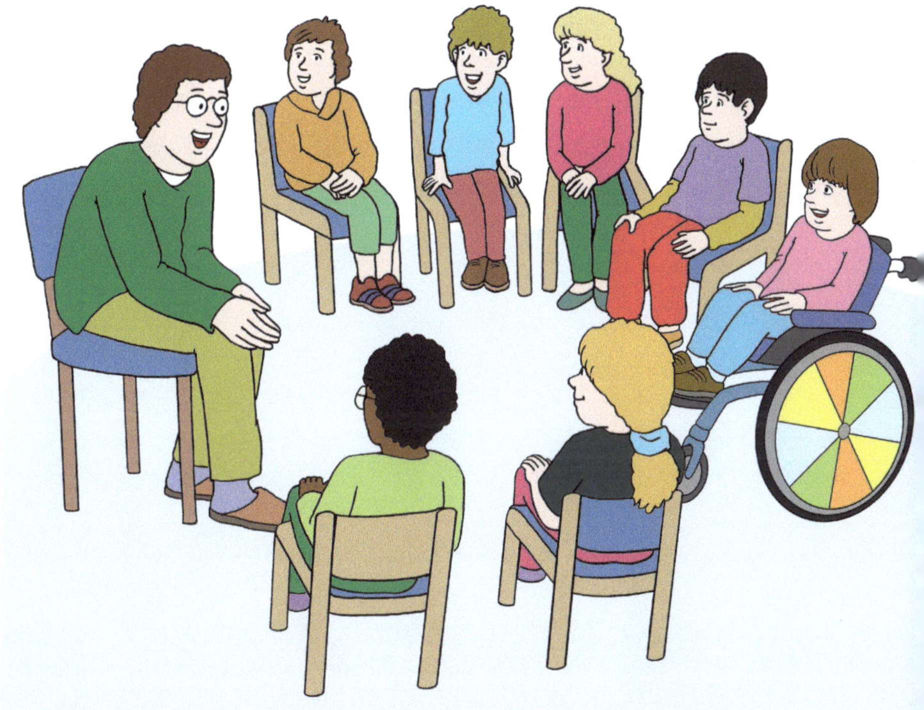

- **Niemand wird diskriminiert.**
- **Die Menschen, die Hilfe brauchen, bestimmen mit.**
- **Die Menschen werden in ihrer Entwicklung gefördert.**
- **Die Menschen können möglichst viel selbst bestimmen.**
- **Ihre Familien und das Lebens-Umfeld werden mit einbezogen.**
- **Die Menschen werden vor Gefahren geschützt.**

2. Selbstbestimmung junger Menschen

Eigentlich ist es einfach: Inklusion bedeutet, dass alle jungen Menschen in allen Lebensbereichen selbstbestimmt an unserer Gesellschaft teilhaben können, ohne Diskriminierung. Darüber wird viel diskutiert. In diesen Diskussionen kann man den Weg zur Inklusion besprechen, nicht das Ziel selbst. Denn das Ziel Inklusion steht nach der Behindertenrechts-Konvention der Vereinten Nationen fest. Bei diesen Diskussionen ist es wichtig zu sehen, wer mitredet und wer redet. Inklusion beginnt schon in diesen Diskussionen. Deshalb sollen die jungen Menschen mitreden dürfen.

Die Rechte junger Menschen beachten

Die Kinder- und Jugendhilfe muss schauen, welche Rechte die jungen Menschen und Familien haben. Zum Beispiel haben sie das Recht auf Gleichstellung (vgl. Scheiwe et al 2021). Die Kinder- und Jugendhilfe muss auch prüfen, wie diese Rechte umgesetzt werden können. Dabei geht es auch darum, ob und warum Rechte begrenzt werden. Dann muss man gemeinsam mit den betreffenden Menschen überprüfen, ob Veränderungen etwas verbessern und ob sie dann selbstbestimmter leben können.

KJSG macht selbstbestimmte Teilhabe möglich

Das neue Gesetz KJSG stärkt das Recht auf Selbstbestimmung junger Menschen: Jeder junge Mensch hat das Recht darauf, gefördert zu werden hin zu einem selbstbestimmten Leben und Handeln in unserer Gesellschaft. Kinder- und Jugendhilfe soll den jungen Menschen genau das möglich machen oder erleichtern. Konkret wird im Gesetz auch die Selbstvertretung der jungen Menschen gefördert. Das bedeutet, dass sich die jungen Menschen zusammenschließen und dann unter sich Stellvertreterinnen und Stellvertreter auswählen. Und es sollen unabhängige Beratungsstellen eingerichtet werden. Die jungen Menschen und ihre Familien können bei Problemen dann zu einer sogenannten „Ombudsstelle" gehen.
Das alles muss für die jungen Menschen nachvollziehbar im Alltag umgesetzt werden. Die Kinder- und Jugendhilfe muss sich beim Konzept, beim Ablauf oder bei den Angeboten jetzt immer an der Selbstbestimmung ausrichten. Dabei macht Selbstbestimmung die Teilhabe erst möglich. Hier ist eine Teilhabe nicht nur in Einrichtungen oder in der Familie gemeint, sondern auch in allen Lebensbereichen im Alltag.
Es wird sich wohl erst in Zukunft zeigen, ob diese Änderungen ausreichen als Schritte hin zur Selbstbestimmung von jungen Menschen in der Kinder- und Jugendhilfe. Um diese Änderungen wirklich umzusetzen, muss man klären, was „Selbstbestimmung" für die jungen Menschen, ihr Umfeld und auch für die Kinder- und Jugendhilfe bedeutet.

3. Inklusive Hilfeplanung

In der inklusiven Kinder- und Jugendhilfe kommen zwei Bereiche zusammen, die lange nur getrennt gesehen wurden. Auf der einen Seite steht der Ablauf der Eingliederungshilfe und auf der anderen Seite die Hilfeplanung in der Kinder- und Jugendhilfe. Eingliederungshilfe werden die Hilfen für (erwachsene) Menschen mit Behinderung genannt.
In der Hilfeplanung wird geschaut, was die jungen Menschen brauchen und welche Hilfen zur Erziehung sie bekommen sollen. Dann werden die Hilfen festgelegt und begründet. Die Hilfeplanung steht also am Anfang der Hilfen zur Erziehung.

Hilfeplanung nach dem neuen Gesetz

Das neue Gesetz KJSG macht deutlich: Zuerst muss sich viel bei der Hilfeplanung ändern. Die Fachkräfte sollen inklusiv denken und handeln. Sie sollen die Abläufe überprüfen und weiterentwickeln. Die Fachkräfte müssen dabei noch mehr auf die Selbstbestimmung und auf die Teilhabe der Kinder und Jugendlichen achten (vgl. Hollweg/Kieslinger 2021, 16).
Konkret soll das so umgesetzt werden: Die Planung der Kinder- und Jugendhilfe und die Planung der Eingliederungshilfe wird enger verbunden (vgl. Bochert et al., 67). Die Hilfe muss ohne Lücken funktionieren, auch wenn heute noch verschiedene Stellen zuständig sind. Die Übergänge von einer Hilfe-Art in die andere Hilfe-Art sollen gut gemacht sein. So einen Übergang gibt es zum Beispiel, wenn junge Menschen mit Behinderung über 27 Jahre alt werden. Dann bekommen sie keine Kinder- und Jugendhilfe mehr, sondern Eingliederungshilfe. Und junge Menschen mit Behinderung haben ein Recht auf Kinder- und Jugendhilfe, auch wenn sie über 18 Jahre sind (vgl. Hollweg et al., 20).
Die betreffenden Kinder und Jugendlichen sollen auch stärker mitbestimmen. Und Eltern von jungen Menschen bekommen mehr Rechte, zum Beispiel auf Beratung und Unterstützung.

Hilfeplanung aus einer Hand

Es gibt Pläne, dass bis zum Jahr 2028 die Hilfen für Kinder und Jugendliche mit Behinderung weiterentwickelt werden. Dann sollen die Hilfen alle aus einer Hand kommen. Es sollen also nicht mehr verschiedene Stellen für die Hilfen zuständig sein.
Bei der Planung der verschiedenen Hilfen gibt es heute noch Unterschiede und Widersprüche. Zum Beispiel passt die Planung der Eingliederungshilfe noch nicht so gut für Kinder und Jugendliche. Denn bei der Eingliederungshilfe geht es nur um die Person mit Behinderung, nicht um die Eltern, Familie und Freunde. Das passt für Erwachsene, aber nicht so gut für Kinder und Jugendliche. Ein anderes Beispiel: Junge Menschen brauchen andere Hilfen als Erwachsene (vgl. Bochert et al. 2021, 85).
Bis 2028 sollen die Fachleute und die Politik diese Widersprüche auflösen. Die Planung der Kinder- und Jugendhilfe und der Eingliederungshilfe soll verbunden werden. In einem einheitlichen, von außen verständlichen Ablauf soll festgestellt werden, was die jungen Menschen mit Behinderung brauchen und bekommen (vgl. Schönecker 2019, 42).
Um das zu erreichen, müssen sich die verschiedenen Fachleute und die Menschen in der Politik über die inklusive Hilfeplanung austauschen (vgl. Adler 2021, 248). So können sie gegenseitig verstehen lernen, warum sie etwas wie betrachten und tun. Und dann können sie einen gemeinsamen Weg finden.

4. Inklusiver Kinderschutz

Junge Menschen mit Behinderung werden öfter an den Rand der Gesellschaft geschoben oder ausgegrenzt. Für diese Menschen ist die Gefahr höher, dass sie Gewalt erleben müssen (vgl. Bienstein et al. 2014, Eberhardt/Naasner 2020). Wenn sie körperliche, seelische oder sexuelle Gewalt erleiden, wirkt sich das auf die Menschen aus: Dann geht es ihnen schlecht oder sie haben Angst. Das wird leider oft nicht bemerkt oder nicht ernst genommen.

Schutz vor Gewalt im Gesetz und im Alltag

Um die Kinder und Jugendlichen besser vor Gewalt zu schützen, nahm die Politik bestimmte Regeln in die Gesetze auf. Träger, also die Anbieter von Hilfen, und die Jugendämter sollen passende Schutz-Konzepte entwickeln und anwenden. Und es gibt noch weitere Änderungen, zum Beispiel bei den Rechten von Kindern und Jugendlichen in der Familienpflege.

Es ist in einer inklusiven Kinder- und Jugendhilfe noch viel zu tun, um die jungen Menschen sicher zu schützen. Fachkräfte, die in den Diensten und Einrichtungen arbeiten, sollen lernen, welche Schutz-Bedürfnisse die jungen Menschen mit Behinderung haben. Alle Beteiligten müssen gemeinsam dafür sorgen, dass sie vor Gewalt geschützt sind.

Auch in der Gesellschaft insgesamt muss sich noch vieles ändern. Man braucht andere Strukturen, um alle Kinder und Jugendlichen zu schützen. Zum Beispiel müssen sich junge Menschen mit Behinderung mehr beteiligen können (vgl. Hollweg/Kieslinger 2022, 12).

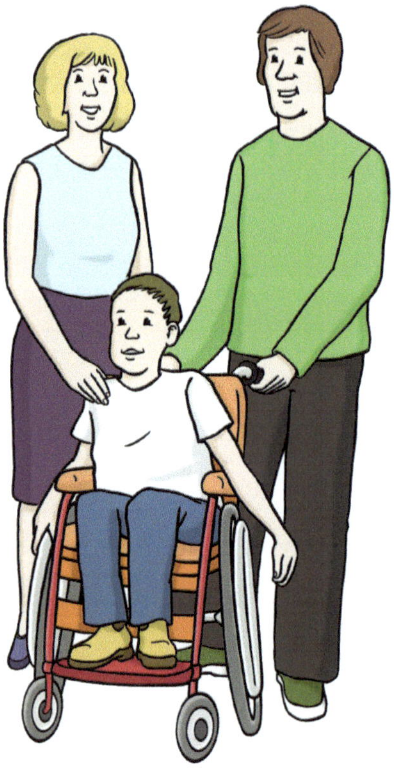

5. Mehr Beteiligung und Selbstbestimmung

Die jungen Menschen und ihre Familien sollen sich mehr an der Hilfeplanung beteiligen können und mitentscheiden können. Im Projekt „Inklusion jetzt!“ zeigte sich: Es gibt noch Lücken und Hindernisse, zum Beispiel bei Organisationen oder Ämtern. Die Abläufe und Prozesse müssen sich noch mehr für die Beteiligung öffnen. Besonders wichtig ist, dass die Kinder- und Jugendhilfe auch die Selbstvertretungen von jungen Menschen fördert. Um diese Stellvertretungen zu bilden, wählen die jungen Menschen Stellvertreterinnen und Stellvertreter unter sich aus.

Mehr Rechte durch das KJSG

Das neue Gesetz KJSG stärkt die Rechte der Jugendlichen und ihrer Eltern. Sie können sich beraten lassen, sich beteiligen und sich beschweren, wenn etwas nicht gut läuft. Das Gesetz fördert, dass sich junge Menschen selbst vertreten. Die jungen Menschen sollen ihr Leben selbstbestimmter führen können. Dazu ist es unbedingt nötig, dass sie über die Kinder- und Jugendhilfe mit entscheiden können. Dass sie beteiligt werden, kann die Abläufe in Organisationen aber langsamer machen (vgl. Graßhoff et al. 2017, 229).

Gute Hilfeplanung

In einer guten Hilfeplanung kommen zwei Seiten zusammen: Erstens müssen alle in der Gesellschaft gut aufeinander achten und gut zusammen leben. Zweitens möchte jeder Mensch sein Leben selbst gestalten. Um das zu verbinden, ist eine gute Kommunikation nötig. Alle müssen die Beratung und die Beteiligung verstehen und nachvollziehen können.
Wenn man das erreichen möchte,

1. müssen Mitarbeitende lernen, den jungen Menschen alle möglichen Hilfen anzubieten.
2. braucht man genügend Zeit und genug Mitarbeitende für eine gute Kommunikation.
3. müssen Hilfe suchende Menschen die Unterstützung einfach erreichen können.

Man sagt auch: Die Hilfe muss niederschwellig angeboten werden (vgl. Hollweg/Kieslinger 2022, 16).

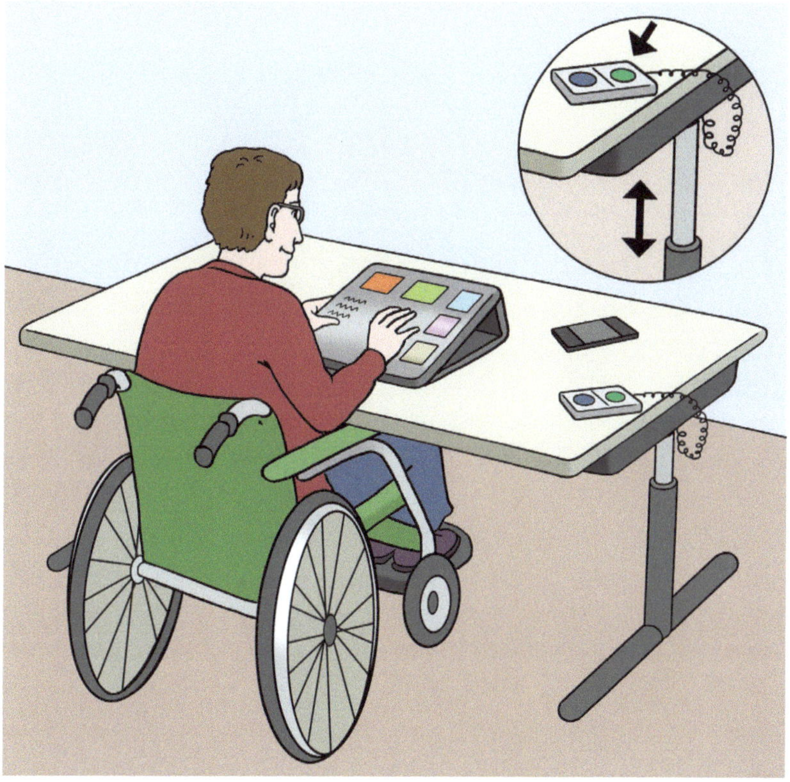

6. Gute Übergänge ohne Lücken

Auch in einer inklusiven Kinder- und Jugendhilfe wechseln junge Menschen von einer Art der Leistung in eine andere Art, zum Beispiel von der Kinder- und Jugendhilfe in die Eingliederungshilfe. Und es gibt Übergänge zwischen verschiedenen Trägern. Bei diesen Wechseln und Übergängen dürfen keine Lücken entstehen. Dazu sollen alle Träger eng zusammenarbeiten. So kann jeder junge Mensch die Lösungen bekommen, die er braucht.
Im neuen Gesetz KJSG gibt es dazu erste Schritte. Dabei geht es um den Übergang eines jungen Menschen aus der Kinder- und Jugendhilfe in die Eingliederungshilfe. Dieser Übergang soll besser strukturiert und länger geplant werden. Auch andere Träger sollen hier enger eingebunden werden, damit die Hilfe ohne Lücken und Probleme angeboten wird.

Gemeinsam Verantwortung tragen

Wenn junge Menschen erwachsen werden, unterstützt sie die Kinder- und Jugendhilfe dabei, die Hilfen erfolgreich zu verlassen. Im Alltag muss die inklusive Kinder- und Jugendhilfe dann einige Bereiche mit abdecken und Übergänge ins Erwachsenen-Leben mit gestalten: zum Beispiel die Bereiche Wohnung, Ausbildung oder Arbeit (vgl. Hollweg et al. 2023, 16). Damit das gelingt, muss man an den Konzepten und an der Zusammenarbeit noch viel ändern. Dazu ist es sinnvoll, dass sich in den Gemeinden und Städten verschiedene Gruppen zusammenschließen. Diese Gruppen können zum Beispiel aus den Bereichen Frühe Hilfen, Bildung, Beruf, Psychiatrie, Sozialhilfe oder Eingliederungshilfe kommen. Sie bilden dann sogenannte „Verantwortungs-Gemeinschaften". Sie können als Gemeinschaft die jungen Menschen zuverlässig unterstützen.

7. Zusammenarbeit in den Städten und Gemeinden

Im Laufe des Projekts „Inklusiv jetzt!“ zeigte sich: Die Städte und Gemeinden sind bei der inklusiven Kinder- und Jugendhilfeplanung wichtig. Denn die Abläufe in den Organisationen müssen mit den Angeboten der Städte verknüpft werden.

Die Angebote der Städte weiterentwickeln

In den Städten sollen deshalb die Angebote inklusiv weiterentwickelt werden – und zwar von den Trägern, den jungen Menschen und ihren Eltern. Schon im Jahr 2019 schrieben Fachleute: Eine inklusive Kinder- und Jugendhilfe ist nur mit einer guten Hilfeplanung möglich (vgl. Graßhof et al. 2019, 15). Diese Planung muss also weiterentwickelt werden, um Inklusion in die Strukturen der Städte zu bringen.
Wenn die Angebote in den Städten heute weiterentwickelt werden, wird dabei die Kinder- und Jugendhilfeplanung nicht so wichtig genommen. Nach dem Gesetz wäre das aber nötig. Das widerspricht sich und ist ein Problem (vgl. Oettler/Pudelko 2023, 67). Inklusive Angebote passen zu dem, was die jungen Menschen brauchen. Das Gesetz schreibt den öffentlichen Trägern vor, dass sie „ein möglichst wirksames, vielfältiges, inklusives und aufeinander abgestimmtes Angebot von Jugendhilfeleistungen“ machen sollen (siehe § 80, Absatz 2, Satz 2, Sozialgesetzbuch 8).

Eine inklusive Hilfeplanung muss

- schauen, dass alle die Kinder- und Jugendhilfe auch bekommen können.
- dafür sorgen, dass die jungen Menschen die Hilfe auch gut annehmen können.
- die Hilfen anpassen, wenn die jungen Menschen später etwas anderes brauchen
(vgl. Hollweg/Kieslinger 2023, 123 f).

Die Angebote in den Städten und Gemeinden sind verschieden. Auch die Meinungen darüber, was gut oder nötig ist, sind unterschiedlich. Manche Jugendämter in den Städten finden die Angebote der Eingliederungshilfe (für Menschen mit Behinderung) ausreichend. Andere Gemeinden bilden eine Verantwortungs-Gemeinschaft und entwickeln gemeinsam mit freien Trägern und den jungen Menschen inklusive Angebote.

8. Veränderungen in den Organisationen

Das neue Gesetz sagt: Inklusion ist bei der Jugendhilfeplanung und bei der Entwicklung der Qualität wichtig. Im Sozialgesetz steht, dass die Träger ihre Angebote inklusiv öffnen müssen. Und die Träger müssen beachten, was junge Menschen mit Behinderung brauchen.

Netzwerke

Veränderungen sind erstens bei den einzelnen Trägern notwendig. Zweitens müssen die Träger gemeinsam auf alle Angebote ihrer Stadt schauen. Das Ziel: Die jungen Menschen sollen die inklusiven Angebote in ihrer Stadt kennen lernen, gut erreichen und verstehen können. Dafür können die Träger neue Netzwerke bilden oder ihre Netzwerke weiter ausbauen. Das heißt: Wie bei einem echten Netz aus Seilen verknüpft ein solches Netzwerk viele einzelne Träger miteinander. Das verbindet und stärkt die einzelnen Träger.

Veränderungen bei Trägern

Auf dem Weg zur Inklusion müssen sich Abläufe verändern. Daran sollen bald sogenannte „Verfahrenslotsinnen und Verfahrenslotsen" mitarbeiten. Diese Fachleute beraten und unterstützen die jungen Menschen mit Behinderung und ihre Familien (vgl. BT Drucksache 19/26107, 79 f).
Für mehr Inklusion müssen die Träger ihre Abläufe überprüfen und dann weiterentwickeln (vgl. Meyer 2023, 145). Die Träger starten die Veränderungen, gehen dann auf diesem Weg immer weiter und lernen immer mehr dazu (vgl. Bauer/Komorek 2023, 184 f). Ein Träger muss auf seinem Weg hin zur Inklusion immer wieder überprüfen, ob auch alles wirklich gut umgesetzt ist (vgl. Meyer 2023, 151).
Eine Veränderung ist besonders groß und schwierig: nämlich die verschiedenen Angebote zu „Hilfen aus einer Hand" oder „unter einem Dach" zusammenzubringen. Denn dabei muss man viele Abläufe zu einem großen Ganzen verbinden. Deshalb sollte man bald damit anfangen und möglichst viele Fachkräfte, junge Menschen und Eltern mit einbeziehen (vgl. Kohrt/Busch 2023, 86). Dabei sind die mitarbeitenden Fachkräfte sehr wichtig, denn sie haben viel Verantwortung im Alltag mit den Kindern und Jugendlichen (vgl. Hollweg/Kieslinger 2022, 3).

Gemeinsame Verantwortung

Bei einer inklusiven Kinder- und Jugendhilfe ist wichtig: Nicht alle Träger müssen alles können. Ein Träger allein kann Schwierigkeiten haben, für jeden jungen Menschen eine persönlich passende Lösung anzubieten. Aber die Träger können dies gemeinsam lösen. Sie können Netzwerke bilden. Auch politische Gremien, also Expertengruppen, können daran arbeiten. Die Selbstvertretungen der jungen Menschen sollen in diesen Gremien mitreden können.

9. Inklusion ist schon jetzt möglich!

Als Zusammenfassung kann man sagen: Das neue Gesetz KJSG gibt der Jugendhilfe neue Ziele. Um diese Ziele zu erreichen, müssen die bestehenden Strukturen geändert werden. Und es müssen auch neue Strukturen aufgebaut werden. Ab dem Jahr 2028 sollen die „Hilfen aus einer Hand“ kommen. Dafür müssen die Fachleute und die Politik bei der Kinder- und Jugendhilfe und bei der Eingliederungshilfe noch viel verändern.
Auch heute schon, mit den jetzigen Gesetzen, ist es möglich, verschiedene Leistungen für junge Menschen gemeinsam „unter einem Dach“ anzubieten. Dafür muss man rechtliche Fragen klären und alle Beteiligten müssen das wirklich wollen (vgl. Schweigler 2023, 38).

Für die Veränderungen ist nötig:

1. **Man geht den Schritt vom Reden hin zum inklusiven Handeln. Beim Handeln sind alle Blickrichtungen und Themen wichtig (vgl. Hollweg/Kieslinger 2022, 2).**
2. **Man untersucht und überprüft bestehende Strukturen. Inklusion stellt in den Mittelpunkt, was die betreffenden Menschen brauchen und wollen.**
3. **Man braucht mutige und engagierte Menschen in der Politik und bei den Trägern.**

Dann kann das Menschenrecht auf Inklusion in der Kinder- und Jugendhilfe umgesetzt werden.

10. Literatur-Verzeichnis

Bauer, Lena-Marie/Komorek, Michael (2023): Inklusion in der Organisation verankern – (K)eine Frage der Zielgruppen und Angebotsentwicklung?. In: Kieslinger, Daniel/Owsianowski (Hg.): Inklusive Kinder- und Jugendhilfe. Finanzierung, Organisationsentwicklung, Qualität. Freiburg: Lambertus, S. 169–188.

Bochert, Susan/Schönecker, Lydia/Urban-Stahl, Ulrike (2021): „Jugendamt goes Gesamtplanung". Implikationen und Herausforderungen des Kinder- und Jugendstärkungsgesetzes. In Hollweg, Carolyn/Kieslinger, Daniel (Hg.): Hilfeplanung inklusiv gedacht. Ansätze, Perspektiven, Konzepte. Freiburg: Lambertus, S. 66–88.

Bienstein, Pia/Urbann, Katharina/Scharmanski, Sara/Verlinden, Karla (2014): Prävention von sexuellem Missbrauch an Kindern und Jugendlichen mit Behinderung – Erste Evaluationsergebnisse der SeMB-Studierendenfortbildung. In: Interdisziplinäre Fachzeitschrift, 2/17, S. 180–193.

Graßhoff, Gunther/Karner, Britta/Schröer, Wolfgang (2017). Hilfeplanung als soziale Ermöglichungsstruktur. Sozialpolitische Lesarten. In: Schäuble, Barbara/Wagner, Leonie (Hg.): Partizipative Hilfeplanung. Weinheim: Beltz Juventa. S. 218–229.

Hollweg, Carolyn/Kieslinger, Daniel (2021): Auf dem Weg zu einer inklusiven Erziehungshilfe. Ein Jahr Modellprojekt Inklusion jetzt! In: EJ, Evangelische Jugendhilfe 03/2021. Dähre: Schöneworth Verlag. S. 199–207.

Hollweg, Carolyn/Kieslinger, Daniel (2021b): Einleitung. In Dies. (Hg.): Hilfeplanung inklusiv gedacht. Ansätze, Perspektiven, Konzepte. Freiburg: Lambertus, S. 10–20.

Hollweg, Carolyn/Kieslinger, Daniel (2022): Einleitung. In: Dies. (Hg.): Partizipation und Selbstbestimmung in einer inklusiven Erziehungshilfe – zwischen bewährten Konzepten und neuen Anforderungen. Freiburg: Lambertus, S. 13–19.

Hollweg, Carolyn/Kieslinger, Daniel (2022): Einleitung. In: Dies. (Hg.): Inklusion in den Erziehungshilfen III – Kinderschutz inklusiv gedacht. S. 8–14.

Hollweg, Carolyn/Kieslinger, Daniel/Schröer. Wolfgang (2022): Einleitung. In: Hollweg, Carolyn/Kieslinger, Daniel (Hg.): Übergänge und Schnittstellen in einer inklusiven Erziehungshilfe. Kooperationen und Netzwerke auf dem Prüfstand. Freiburg: Lambertus, S. 11–22.

Hollweg, Carolyn/Kieslinger, Daniel (2022): Inklusion als Motor organisationaler Prozesse. In: Sozialwirtschaft 6/2022, S. 1–3.

Hollweg, Carolyn/Kieslinger, Daniel (2023): Kinder- und Jugendhilfeplanung inklusiv. Auf dem Weg zu einer inklusiven Infrastruktur. In: Graßhoff, Gunther/Hinken, Florian/Sekler, Koralia/Strahl, Benjamin (Hg.): Kinder- und Jugendhilfeplanung inklusiv. Planung und Gestaltung von Angeboten der Kinder- und Jugendhilfe für und mit alle(n). Hannover: AFET.

Kohrt, Matthias/Busch, Christiane (2023): Hilfen aus einer Hand. In: Kieslinger, Daniel/Owsianowski, Judith (Hg.): Inklusive Kinder- und Jugendhilfe. Finanzierung, Organisationsentwicklung, Qualität. Freiburg: Lambertus, S. 61–88.

Meyer, Thomas (2023): Der Index für Inklusion als Orientierungs- und Umsetzungshilfe für eine inklusive Kinder- und Jugendhilfe. In: Kieslinger, Daniel/Owsianowski, Judith (Hg.): Inklusive Kinder- und Jugendhilfe. Finanzierung, Organisationsentwicklung, Qualität. Freiburg: Lambertus, S. 145–168.

Oettler, Philipp-Emanuel/Pudelko, Julia (2023): Jugendhilfeplanung in Deutschland. Herausforderungen, Potenziale und Entwicklungstendenzen. Münster/New York: Waxmann.

Rohrmann, lbrecht (2020): Inklusion als Perspektive für die Kinder- und Jugendhilfe. Vortrag im Rahmen des Online-Seminars: Ist Inklusion verhandelbar? Das Recht auf Inklusion in den Hilfen zur Erziehung am 7.7.2020.

Schönecker, Lydia/Seckinger, Mike/Eisenhardt, Benita/Kuhn, Andreas/van Driesten, Alexandra/Hahne, Carola/Horn, Johannes/Strüder, Hanna/Koch, Josef (2021): Inklusive Weiterentwicklung außerfamiliärer Wohnformen für junge Menschen mit Behinderungen. Online unter: https://transfertagung-heimerziehung.igfh.de/projektergebnisse/Inklusion_Heimerziehung_2021.pdf (Abruf 11.01.2024).

Schöning, Werner (2023): Koopkurrenz als Aspekt der Organisationsentwicklung von Innovations-Netzwerken der Kinder- und Jugendhilfe In: Kieslinger, Daniel/Owsianowski, Judith (Hg.): Inklusive Kinder- und Jugendhilfe. Finanzierung, Organisationsentwicklung, Qualität. Freiburg: Lambertus, S. 227–250.

Schröer, Wolfgang (2022): Inklusion jetzt! in der Kinder- und Jugendhilfe bedeutet: „Selbstbestimmtes Interagieren junger Menschen in allen Lebensbereichen" zu ermöglichen. In: Hollweg, Carolyn/Kieslinger, Daniel (Hg.): Partizipation und Selbstbestimmung in einer inklusiven Erziehungshilfe – zwischen bewährten Konzepten und neuen Anforderungen. Freiburg: Lambertus, S. 38–50.

Schweigler, Daniela (2023): Gemeinsame Leistungserbringung zwischen SGB VIII und SGB IX: Rechtlicher Rahmen und Weiterentwicklungsperspektiven. In: Kieslinger, Daniel/Owsianowski, Judith (Hg.): Inklusive Kinder- und Jugendhilfe. Finanzierung, Organisationsentwicklung, Qualität. Freiburg: Lambertus, S. 23–40.

Wansing, G. (2015): Was bedeutet Inklusion? Annäherung an einen vielschichtigen Begriff. In: Degener, Theresia/Diehl, Elke (Hg.): Handbuch Behindertenrechtskonvention. Teilhabe als Menschenrecht – Inklusion als gesellschaftliche Aufgabe. Bonn: Bundeszentrale für politische Bildung.

11. Die Autor*innen

Daniel Kieslinger ist stellvertretender Geschäftsführer des Bundesverbandes Caritas Kinder- und Jugendhilfe (BVkE) und Leiter des Modellprojekts ***Inklusion jetzt!*** sowie stellvertretende Leitung des Projekts Wegweiser Verfahrenslots*innen.

Katharina Metzner ist wissenschaftliche Mitarbeiterin an der Universität Hildesheim und Mitarbeiterin beim Projekt ***Inklusion jetzt!***

Judith Owsianowski ist Referentin im Evangelischen Erziehungsverband, stellvertretende Leitung des Modellprojekts ***Inklusion jetzt!*** sowie Leitung des Projekts ***Wegweiser Verfahrenslots*innen***.

Florian Rück Ist wissenschaftliche Hilfskraft an der Universität Hildesheim und Mitarbeiter beim Projekt ***Inklusion jetzt!***

Prof. Dr. Wolfgang Schröer ist Professor für Sozialpädagogik am Institut für Sozial- und Organisationspädagogik der Universität Hildesheim.